UNION CATHOLIQUE

CHACUN
SA BIBLIOTHÈQUE

LYON

AU BUREAU
DE L'UNION CATHOLIQUE
Œuvre fondée
PAR M. ANT. PERISSE
rue Mercière, 47.

CHEZ
L.-L. BECOULET, ÉDITEUR
DE L'UNION CATHOLIQUE
place St-Alexandre
A Saint-Irénée.

UNION CATHOLIQUE

CHACUN

SA BIBLIOTHÈQUE

LYON

AU BUREAU
DE L'UNION CATHOLIQUE
Œuvre fondée
PAR M. ANT. PERISSE
rue Mercière, 47.

CHEZ
L.-L. BECOULET, ÉDITEUR
DE L'UNION CATHOLIQUE
place St-Alexandre
A Saint-Irénée.

CHACUN SA BIBLIOTHÈQUE.

Aujourd'hui on apprend à lire à tout le monde ; nous sommes tous savants... ou appelés à le devenir, il y a long-temps que c'est dit, que c'est entendu; or tout savant qui se respecte tant soit peu, doit avoir à soi, sa collection de livres, sa bibliothèque; voilà une idée des plus simples, car enfin si on apprend à lire il faut des livres... Oui, voilà une idée toute simple, mais elle a le tort d'être de la famille des bonnes idées, de celles-là qu'il est difficile de loger dans notre tête, surtout de leur donner un petit coin dans notre vie...

Ainsi aujourd'hui il se passe une chose toute singulière ; si j'osais je dirais vraiment drôle... on dit que c'est la logique qui gouverne le monde, mais je crains bien que, même chez les gens de bonne volonté, elle ne soit souvent réduite à l'état de roi constitutionnel; elle règne et ne gouverne pas...

Ainsi tout le monde crie à tue-tête : de l'instruction, de l'instruction pour tous; plus d'ignorance; très-bien : puis on a créé toutes espèces d'écoles, écoles de garçons, écoles de filles, écoles du soir, écoles du jour, écoles d'ouvriers, écoles militaires, salles d'asiles, et on n'a pas ménagé l'argent. La charité elle-même s'en est mêlée et toutes ces écoles se sont remplies... mieux encore...

Mais voilà que tout à coup ce beau zèle s'arrête et tombe à plat. On apprend à lire. Lire et puis pas de Livres. Cela vous fait songer bien malgré vous au singe qui avait oublié d'éclairer sa lanterne... Alors à quoi bon la science ? C'est tout comme si, pour me donner de l'appétit, vous m'aviez fait faire une bonne course, et puis que vous me disiez : vous avez faim... eh bien... gardez-la... c'est vraiment s'exposer à recevoir en pleine poitrine le reproche de l'apôtre Saint-Jacques : si vous dites à votre frère allez en paix, chauffez-vous, mangez, sans lui donner le nécessaire, à quoi bon...

Dites-moi donc, cher lecteur, si au lieu d'apprendre à lire, nous avions jeté notre argent par la fenêtre, ne croyez-vous pas que c'eût été aussi sensé et moins dangereux ? Il se fût peut être trouvé des pauvres en bas pour le ramasser. Nous avons créé des besoins de la faim, sans mettre à côté de quoi les satisfaire. Or le mal qui a du flair, s'est dit : bon, j'ai là une provision de denrées falsifiées, gâtées, voilà une excellente occasion de les placer, ces faims là vont tout avaler, et ce qu'il a dit il l'a trop fait.

Alors, nous autres, nous nous sommes mis à nous plaindre, à crier ; les mauvaises publications, les mauvais journaux surtout égarent, perdent nos populations, on devrait bien les en empêcher ; hélas oui, cher lecteur, la mauvaise presse nous fait bien du mal, elle broie les âmes, elle nous écrase, mais à qui la faute.

Il y a de la faute des mauvais écrivains sans doute, mais, n'y a-t-il point aussi quelque tort de notre côté.

Lorsque nous avons formé des écoles, que nous

avons donné la charité de notre bourse, provoqué la charité des autres surtout pour la création des écoles de filles, nous avons dû prévoir qu'il allait en surgir de nouveaux besoins pour les masses, de nouvelles charges pour nous. Il n'était pas moins évident pour tous, que ce mal allait essayer de se servir de cette petite science, qu'il allait se ruer sur la terrible machine qu'on appelle la presse, pour la tourner contre le bien.

Tout cela a dû être prévu, arrêté, nos précautions prises, nos armes préparées... en cela je crois bien que nous avons quelque peu failli.

Quand, pour une famille, un petit enfant doit faire son entrée dans la vie, on lui prépare avec soin son petit trousseau, on lui cherche une nourriture saine et vivifiante, tout est prêt d'avance, on l'attend avec bonheur... Nous avons créé et mis au monde des intelligences, une masse d'hommes; les voilà qui arrivent tous les jours à cette vie de l'intelligence; il faudrait pour ces âmes jeunes et neuves, dans le pays de la science, une nourriture saine et fortifiante et c'est à peine si on y a songé. Ah! ce n'est digne ni de la religion qui est si bonne, ni de la France qui est si grande... Faisons-nous un petit bout de confession : nous avons eu trop de ressemblance avec certains parents qui après avoir donné le jour à un enfant le jettent dans la rue en lui disant : Cherche ta vie comme tu pourras, sans tenir compte des dangers et des mauvais conseils de la faim.

Il ne faut jamais créer un nouveau besoin chez le peuple sans se mettre vite en mesure de le satisfaire : Il y aurait même une sorte de cruauté à aller accuser ceux qui se jettent sur les mauvaises lectures, à leur

crier : Mais ce que vous dévorez est une nourriture
malsaine, falsifiée, gâtée, elle vous empoisonnera ;
ils pourraient répondre : Nous le savons bien, mais
monsieur le beau parleur, donnez-nous une meil-
leure nourriture ; dans la faim on mange ce qu'on
peut, et pas toujours ce qu'on veut.

Je voudrais donc voir la religion qui toujours a
été si bonne pour l'humanité, qui s'est toujours mon-
trée à la hauteur de ses besoins, et qui souvent, pour
les satisfaire, a créé de nouvelles milices ; je voudrais
voir cette bonne religion, par ses ministres et ses
hommes de charité, servir en abondance une nourriture fortifiante à tous ces millions d'intelligences
qui viennent d'entrer dans une nouvelle vie... car
jamais peut-être l'Eglise et l'humanité n'ont eu une
plus rude épreuve à subir à travers les siècles. Le
protestantisme, par exemple, ne s'attaquait qu'à
quelques vérités et ne menaçait que quelques pays.
La mauvaise presse attaque toutes les vérités et
entend exercer son empire sur toutes les contrées ;
elle essaye de fouiller les âmes jusque dans leur
profondeur, pour en chasser jusqu'aux grandes as-
sises du bien que la main de Dieu lui-même y a pla-
cées !

Pour défendre les vérités, les intelligences et les
âmes, il y a deux choses à faire : créer d'abord dans
chaque paroisse, dans chaque agglomération, dans
chaque usine, prison, hôpital : Une bibliothèque ;
secondement essayer de mettre dans chaque maison
une collection de livres, une vraie bibliothèque,
voilà surtout le grand moyen, l'influence de la mauvaise presse a déjà gagné jusqu'aux derniers ha-
meaux... par les discours de ceux qui ont lu. C'est

le moment de rappeler la parole de Pie IX : Vous autres Français, vous avez planté l'arbre de la science, je ne m'en plains pas, pourvu que vous ne le laissiez pas devenir l'arbre de la science du mal, et *cela sera* si la France n'est inondée de bons livres.

Il faut donc vite, si ce n'est déjà fait, établir une bibliothèque paroissiale, et cela partout au moins où il y a une école. C'est le couronnement logique, indispensable de cette école; grâce à Dieu, il y en a déjà en beaucoup d'endroits, il y a même des diocèses où pas une seule paroisse n'en est privée; c'est bien, entretenons, agrandissons cette bibliothèque : un curé nous a convaincu que sa bibliothèque faisait plus de bien que tous ses sermons.

Dieu soit loué, il n'est plus permis de se réfugier dans de banales excuses comme celle-ci :

On ne lit pas dans notre pays; les bonnes lectures donneraient le goût des mauvaises ; qui sait s'il n'est pas plus avantageux pour le peuple de ne pas lire que de lire !

Trop tard, trop tard pour discuter ces questions ; c'était bon il y a un demi-siècle, et encore, mais aujourd'hui qu'on a appris, qu'on apprend à lire à tout le monde, ce n'est plus de saison, car si on apprend à lire à tout le monde, je m'imagine que c'est pour qu'on lise. Quoi, chaque paroisse a dépensé dix mille, vingt-mille francs pour avoir école de garçons, de filles, et puis voilà qu'on va discuter à présent si c'est bon ou si c'est nuisible ! du reste si on ne lit pas, on lira, on lit déjà.... Il y a des feuilles qui ont deux, trois cent mille abonnés et certainement deux millions de lecteurs. Si les mauvaises publications n'ont pas encore pénétré en certaines contrées, c'est à nous de prendre vite la place, afin que plus tard on leur réponde, quand elles se présenteront : Il est trop tard et j'ai mieux.

L'influence de la presse se fait sentir partout aujourd'hui; par les cafés, les journaux politiques arrivent jusque dans les villages ; le bon marché porte les autres tout droit à leur adresse, puis les lecteurs ne gardent pas le silence sur ce qu'ils ont lu, ils parlent, ils commentent...

Il y en a qui disent : on ne lit pas dans mon pays ; soit, mais dans votre pays on a des oreilles et une langue aussi j'espère, et on y parle. Eh bien ! j'ai beaucoup plus de peur de celui qui parle de ce qu'il a lu, que de celui qui lit pour son propre compte. Dieu nous préserve des commentaires des lecteurs peu expérimentés ! Il est tel journaliste pas du tout scrupuleux, qui frémirait à la pensée de ce qu'ils lui font dire.

On dit volontiers : les impressions du jeune âge laissent des traces puissantes, le mal peut venir les obscurcir, mais il ne les détruira pas... Or ces âmes sont jeunes dans le pays de la science ; elles viennent à peine de naître : tâchons donc que les impressions du bien y entrent les premières.

On ne peut pas plus s'excuser sur cet autre prétexte.

Les bons livres manquent. Plus possible de dire ce qu'on a répété si souvent : Il n'y a pas de bons livres intéressants.

Les bons livres manquent ! mais demandez-donc aux personnes charitables qui en donnent : nous savons un homme de bien qui, en quatre ans a donné quarante deux mille volumes ; il y en a donc.

Une femme zélée de Paris en donne pour six ou huit mille francs tous les ans : et elle ne se plaint pas qu'on les trouve peu intéressants, c'est tout le contraire ; après chaque ballot de livres expédiés, elle est sûre de recevoir une douzaine de lettres ainsi conçues : Madame, j'ai entendu parler de votre grande charité, vous avez envoyé des livres à tel endroit, on les a trouvés si bons, si intéressants, qu'on se les arrache ; ils font tant de bien ! Voudriez-vous avoir la bonté de m'en envoyer aussi. C'est au point qu'elle en est toute ahurie, et se sent tentée de renoncer à une charité qui menace de prendre une si grande extension qu'elle la mènerait à sa ruine. La Société de Saint-François de Salles en donne pour 25 à 30 mille francs par an.

La Société pour l'amélioration et l'encouragement des publications populaires en place chaque année pour 40 à 50 mille francs... Il y en a donc.

Qu'il y ait une bibliothèque ou chacun puisse venir chercher des livres, cela doit être ; mais pour que la chose soit complète, il faut tâcher que chaque maison ait sa bibliothèque particulière, ce sera comme dans les villes ; il y a des bibliothèques publiques ouvertes à tous. Puis les bibliothèques privées que chacun a et dont les livres sont toujours sous la main. On les lit en famille, ils empêchent d'aller chercher des distractions ailleurs. Ils laissent de bonnes idées dans les âmes, de bons sentiments dans les cœurs. Ils passent aux générations futures et sont la part la plus précieuse du patrimoine des familles.

C'est un grand et puissant moyen de populariser, de vulgariser le bien.

Louis-Léopold BECOULET, libraire Gre,

Éditeur de l'UNION CATHOLIQUE,

Œuvre fondée par M. Antoine PERISSE,

Place St-Alexandre, à St-Irénée, Lyon.

Collection des numéros de l'Union Catholique, depuis
sa fondation en 1848, trois jolis volumes in-18, avec
le portrait du fondateur. 2 70
Collection des Bulletins de l'OEuvre, 1 joli volume in-18. 1 50
Almanach de l'Union Catholique, par la poste. . . » 15
L'Ami de la famille, année 1867 et 1868, chaque année. » 30
La désertion des Campagnes, par Olivier Jeantet, 2e édition, considérablement augmentée, 1 fort volume de
500 pages, in-12 . . . . 2 40
La Sainte Colline de Fourvières, un joli volume in-18
avec vue de la Colline 1 20

BIBLIOTHÈQUE DE TOUT LE MONDE

Livres propres à former des biblio-thèques, à être donnés en prix.

DIFFÉRENTES SÉRIES DE LIVRES

OU PETITES COLLECTIONS POUR TOUT LE MONDE

Première série de 20 volumes 6 fr. *franco ;*
5 fr. *non franco.*

Nous avons choisi les livres de façon à faire de chaque
homme, en l'instruisant et l'amusant, un bon travailleur, un
bon citoyen et un brave chrétien.

1. *Histoire de la guerre d'Orient,* in-12 . . . . 1 50
2. *Histoire de la guerre d'Italie,* ill., gr. in-8 . . 1 50
3. *Histoire de la Révolution,* 1 vol. in-12 . . . . 1 50
4. *Histoire de Napoléon Ier,* 1 vol. in-12 . . . . 1 »
5. *Le Saint Père et Rome,* 1 vol. in-18. . . . . » 30
6. *Le Livre des habitants des campagnes,* 1 vol. in-12. 1 »

7. *Vie de saint Isidore le Laboureur et de sainte Marie son épouse,* 1 vol. in-12 . . . . « 75
8. *Le Livre des classes ouvrières,* 1 vol. in-12 . . . « 50
9. *Le Dimanche au peuple,* 1 vol. in-32. . . . , « 15
10. *La Misère mise à la portée de tout le monde,* 1 vol. in-18. . . . . « 15
11. *Comment on trompe le pauvre monde,* in-32. . . « 15
12. *Ce qu'il faut savoir et croire,* 1 vol. in-32 . . . « 5
13. *Ce qu'il faut faire,* 1 vol. in-32 . . . . . . « 5
14. *Le Blasphème,* un vol. in-32 . . . . « 10
15. *L'Église de la paroisse.* . . . . « 10
16. *Qu'est-ce qu'un curé ?* . . . . « 10
17. *Objections et préjugés qui courent les rues* . . . « 10
18. *Bonne mère* . . . . « 10
19. *Bon fils* . . . . « 10
20 *Ce que l'on rapporte du cabaret* . . . . « 10

Nota. — Si on avait déjà ces livres ou si on en préférait d'autres, on pourrait les remplacer par ceux qui sont annoncés dans les collections suivantes, pourvu que le prix de l'ensemble restât le même.

Deuxième série de 37 volumes, 10 fr. *franco,*
8 fr. 50 *non franco,*

Tous les livres de la première, plus :
21. *Le Génie du christianisme,* 1 beau vol. in-12. . 1 50
22. *Histoire de France,* 1 beau vol. in-12. . . . . 2 »
23. *Petit Dictionnaire des plantes médicinales,* 1 v. in-18 « 50
24. *Histoire de Napoléon III,* 1 vol. in-12 . . . . 1 50
25. *Itinéraire de Paris à Jérusalem,* 1 vol. in-12 . . 1 50
26. *La Charité aux enfants,* 1 vol. in-12. . . . . « 50
27. *Almanach de tout le monde.* 1 vol. in-18 . . . « 25
28. *Almanach du Saint-Père et de Rome,* in-18. . . « 20
29. *Au moins à Pâques humblement* . . . . . . « 10
30. *Manière de s'attraper soi-même.* . . . . . . « 10
31. *La vie de famille* . . . . « 10
32. *Vieilles Raisons à l'usage de ceux qui n'ont pas raison.* . . . . « 10
33. *A tout le moins une fois l'an* . . . . « 10
34. *Mille choses qui ne se trouvent pas dans les livres.* « 10
35. *Petites et grandes Misères de beaucoup de gens* . « 10
36. *La Charité mise à la portée de tout le monde.* . « 20
37. *Ce qu'il faut pour faire une bonne famille.* . . « 10

Troisième série de 54 volumes, 20 fr. *franco*,
18 fr. *non franco*.

Tous les livres des deux premières, plus :

38 et 39. *Encyclopédie populaire*, publiée sous la direction de MM. Mullois et Hervé, et avec la collaboration de MM. Rambosson, rédacteur de la *Science pour tous*; Barnabé Chauvelot, ancien rédacteur du *Messager de la semaine* ; Paul Leconte, et des écrivains les plus remarquables ; 2 beaux vol. gr. in-8 sur deux colonnes. Prix des deux volumes brochés . . . . . . 10 »

L'*Enclycopédie* forme deux beaux volumes de plus de 1200 pages, elle sera utile surtout aux prêtres. Cette édition, qui est la moins chère de toutes, a été revue et complétée par MM. Mullois et Hervé.

40. *Pensées d'Hubert*, 1 vol. in-12. . . . . 1 »
41. *Une vie de saint pour chaque dimanche*, 1 vol. . 2 »
42. *La Probité*, par un aumônier, 1 vol. in-18. . . » 50
43. *Pensez-y bien !* 1 vol. in-32. . . . . « 40
44. *La Charité, s'il vous plaît, pour les trépassés*, 1 vol. in-32. . . . . « 15
45. *Mois de Marie de tout le monde*, 1 vol. in-18 . . « 30
46. *Simple explication des cérémonies de la messe*, 1 vol. in-32 . . . . « 10
47. *J'en sais trop*. . . . . « 15
48. *La Divinité de N.-S. Jésus-Christ* . . . . . . a 20
49. *Bon père* . . . . « 10
50. *Le Denier de saint Pierre*. . . . . « 20
51. *Le Bien qui se fait en France* . . . . « 10
52. *Je n'ai pas le temps*. . . . . « 10
53. *Le Dimanche aux classes élevées* . . . . . . « 75
54. *Le Saint Père et Rome*, 1 vol. in-32 . . . . . « 30

Quatrième série de 62 volumes, 26 francs franco,
23 fr. 50 non franco.

Tous les livres des trois premières, plus :

55, 56, 57. La Charité et la Misère à Paris, 2 vol. in-12 . . . . 3 »
58. Vie de saint Vincent de Paul, 1 vol. in-12 1 50
59. Histoire de l'Eglise, 1 beau vol. in-12. . . 2 »
60. Manuel de charité, 1 vol. in-12. . . . . . 1 »

61. Petites Histoires pour les enfants, 1 vol. in-18 raisin . . . . » 50
62. Vie et Mois de saint Joseph, 1 vol. in-32. » 30

LIVRES-IMAGES

Propres à remplacer les Images que l'on donne aux Catéchismes et aux Écoles.

Par M. l'abbé **MULLOIS**, chapelain de l'Empereur.

D'ordinaire, au catéchisme, à la classe et ailleurs, on donne des images aux enfants pour les encourager. C'est bien, si vous voulez, l'intention est bonne, mais hélas ! souvent ces images sont mises de côté ou même lacérées, et alors elle ne profitent à personne.

Pour remédier à cet inconvénient, M. l'abbé MULLOIS a composé une série de petits livres qui portent le nom de *Livres-Images*. Ces tout petits livres sont à très-bon marché ; en en prenant un certain nombre, le volume revient à 5 centimes, et dans chaque petit livre il y a au moins deux gravures.

Au moins à Pâques humblement	10	Le Denier de Saint-Pierre	20
Manière de s'attraper soi-même	10	Ce qu'il faut savoir et croire	15
La Vie de Famille	10	Ce qu'il faut croire	05
Vieilles raisons à l'usage de ceux qui n'ont pas de raison	10	Le Blasphème	10
		L'Eglise de la Paroisse	10
A tout le moins 1 fois l'an	10	Qu'est-ce qu'un Curé ?	10
Mille choses qui ne sont pas dans les livres	10	Objections et préjugés qui courent les rues	10
Petites et grandes Misères de beaucoup de gens	10	Bonne Mère	10
		Bon Fils	10
La Charité mise à la portée de tout le monde	10	Ce qu'on rapporte du Cabaret	10
Ce qu'il faut pour faire une bonne famille	10	Pensées et dires de Jacques Bonhomme sur les affaires du temps	10
J'en sais trop	10	Conseils à l'envers	10
Divinité de N. S. Jésus-Christ	10	Faux grands hommes	10
Bon Père	10	Je n'ai pas le temps	10

Viennent de paraître :

La Croix et l'Épée, album, c'est le résumé de la dernière campagne . . . . » 20
Un moyen de devenir un homme comme il faut. . . » 10
Chacun sa bibliothèque. . . . . » 10
Aux Laboureurs . . . . » 10
La Science et la Religion . . . . » 10

DIVERS :

Les Grands Modèles de charité, un superbe volume grand in-8 illustré, propre à faire un prix d'honneur, à être donné en cadeau . . . . 8 »

Histoire de la guerre d'Orient des enfants, illustrée (50 gravures) 1 50

Lectures et prières à l'usage des gens du monde. . . . 1 75

Petit Paroissien, suivi du Manuel de tout Chrétien, broché . . . . » 50
    Le même, cartonnage Bradel ou papier-toile . . » 70

Journal du Chrétien, revue, avec des exemples à la fin de chaque lecture. Un joli volume de 256 pages ; broché . . . . » 50
    Le même, cartonnage papier-toile . . . . » 70

Pensez-y bien ! revu, avec de nouveaux exemples ; broché. . . . . » 40
    Le même, cartonnage papier-toile. . . . . » 60

Visites au Saint-Sacrement et à la Sainte Vierge, avec un trait après chaque visite; broché. . » 50
    Le même, cartonnage papier-toile. . . . . . . » 70

L'éditeur de l'*Union Catholique*, fournit également les livres de propagande de *Mgr de Ségur*, de la maison *Adrien Leclerc et Cie*, tels que paroissiens romains, livre du R. P. de Géramb, etc. — Paroissiens, Imitations, etc., de la maison *Mame, de Tours.*— Bibliothèque des Merveilles, de la maison *Hachette et Cie.*

Guide des pécheurs, par de Grenade, in-8 de 526
  pages. 2
Les Méres chrétiennes, 1 vol. grand in-18 broché   1
Lexicon Biblicum, ouvrage utile aux séminaristes,
  in-18 rélié. 2
Mois de Mai, où se trouve les réponses aux ques-
  tions du jour, in-12. 2
Une Journée consacrée à Marie, par Geramb, in-18.   1
Au Tombeau de mon Sauveur,   id.   . 0 50
Sept nouveaux Cantiques à Marie, in-12. . . . 0 80
Lettres sur la Vie religieuse, pour les soins voués
  à l'enseignement, in-12 . . . . 3 50
Exercices de St-Ignace, traduit par le R. P. Roo-
  thaan, etc., in-12. 3
Age de raison, par Mgr Bécel, utile aux mères, in-
  12, 2e édition. 2 50
Emilien, lettres à un jeune, par M. E. de Margerie
  grand in-18. 3
Contes et Nouvelles, par le même. 4
Eugénie, vie et lettres d'une orpheline, 2 vol. in-18
  reliés basane. 3
Ordres religieux de femmes, grand in-18. . . . 2 50
Mémoires d'un Homme du monde, par Rondelet,
  grand in-18. 3
Mémoires d'Antoine, par le même. 1 25
Adorateurs en esprit et en vérité, par Mgr l'évêque
  de Metz, in-18. , ... 1 50
Calvaire (le), par M. l'abbé Roullin, 1 gros in-18. . 2
Cérémonial du servant du prêtre, par M. l'abbé
  Hurot, in-18. . . . . 0 75
Chemin de la Sanctification. grand in-32. . . . 0 80
Ciel (le) ou le bonheur des saints, in-12. 2
Zéle de la perfection religieuse, in-32. . . . . 0 80
Combat spirituel, in-32, 1 gravure, relié. . . . 1 60
Consolations (les) de la religion dans la perte des
  personnes qui nous sont chères, in-12. . . . . 1 50
De l'Observance des lois de l'Eglise dans le monde,
  in-18. . . . . 3 50
Dévotion aisée, par Lemoine, in-18. 1
Explication familière des vérités de la religion,
  avec les devoirs du dimanche, par Mme de la
  Martine, in-18. . . . . 1 50

Heures (les) du soldat, in-18. 1
Instructions sur les spectacles, in-18. . . . . , 0 45
Instructions sur les chansons, in-18. . . . . . 0 30
Instructions sur les vérités fondamentales, in-18. . 1
Manuel de piété pour les fidèles, in 18 de 440 pages 1 50
Manuel de piété des personnes pieuses, in-18. . . 1 40
Manuel du militaire chrétien, in-24. . . . . . 0 40
Marie notre mère, in-18, 1 gravure. 0 40
Mois de Marie des âmes intérieures, in-18. . . 1 50
Méditations à l'usage de la jeunesse, un gros in-12 3 50
Conseils aux parents sur l'éducation des enfants,
   1 vol. grand in-18. 2
Hygiène et Economie domestique, in-12. . . . 2
Célèbre Contestation, traduit de l'Italien, 1 beau vol.
   in-8. 4

Bibliothèque de la famille, à 1 fr. le volume,
composée de :

La Sœur des anges, in-12.
Une Semaine en famille.
Le Chemin du ciel.
Les Soirées d'une mère.
Lectures d'hiver.
Nouvelles Soirées d'une mère.
Dieu et l'Homme.
Vie de St-Augustin.
Manifestation de la Providence.
Courte Démonstration.
Paroissiens romains en gros et petits caractères.

Beaucoup de livres au rabais, *à prix nets*, provenant de
bibliothèques particulières et qui ne sont plus dans le com-
merce ; pour plusieurs, il n'en reste qu'un seul exemplaire.
La liste de ces derniers sera adressée aux personnes qui
en feront la demande.

Le Catalogue est sous presse.

Imp. A. Jançon et Fils, à Lons-le-S.